Carole

Pour Nino et son gros chat.
Mélanie Grandgirard

Moustache
le roi des bêtises

Texte de Armelle Renoult
Illustrations de Mélanie Grandgirard

AUZOU

Ce matin, Moustache se réveille d'humeur guillerette.
Un souffle d'air mêlé de pétales parfumés lui chatouille le nez.
« Atchoum ! », éternue le chaton en projetant un nuage de fleurs.
Il y a un air de printemps dans l'atmosphère.

Il s'étire de tout son long puis finit
par quelques entrechats.
« Hmm, je me sens bien ! »

Dans la cour de la ferme voisine, les draps sont étendus sur un grand fil à linge. Le vent y dessine des creux et des bosses comme de nouvelles cachettes à explorer. Il forme de petits hamacs qui se balancent au gré du vent.

C'est tentant ! Moustache n'a qu'une idée :
« Et si j'allais m'y glisser ? »

Aussitôt dit, aussitôt fait : le chaton escalade le fil, il esquisse un pas en avant, teste son équilibre…
Pas facile de s’improviser funambule !

Patatras ! Le chaton tombe par terre !
Il renverse dans sa chute une potée de primevères.
Le vase en grès explose en mille morceaux.
L'un des débris atterrit sur la tête de Moustache
et le coiffe comme un casque de roi antique.

Le nez dans les fleurs, Moustache se sent un peu ridicule.
« Moustache, tu es vraiment le roi des bêtises ! » se dit-il. Il se relève et secoue doucement chacune de ses pattes. Tout va bien : pas de bosses ni de bleus, mais le chaton est couvert de terre.

Moustache essaie de se lécher mais fait vite la grimace :
sa langue est couverte de boue.
« Pouah ! La terre n'a vraiment pas bon goût ! »
Et avec toutes ces émotions, il se sent un petit creux.

Moustache sourit : dans son esprit se dessine une
solution parfaite qui allierait toilette et déjeuner. Et s'il osait ?
Il lorgne depuis quelque temps le bocal du poisson rouge
tout en haut du piano.
La fenêtre du salon des voisins est ouverte : c'est le moment !
Il se faufile dans la pièce, saute sur le tabouret.
« Première étape : OK », se félicite-t-il.

Il se concentre sur la seconde étape,
et prend son élan pour atteindre
le sommet de l'instrument.
Il rate son bond et glisse sur les
touches du clavier, qui lui renvoient
des sons épouvantables.

Les oreilles en arrière, il s’affole et s’emmêle les pattes, brouille les notes dans un vacarme effroyable.
Il retombe sur le sol et murmure en reprenant son souffle :
« Moustache, tu es vraiment le roi des bêtises ! »

À la seconde tentative, Moustache corrige son saut et parvient à hauteur du bocal.
« Miam, cela faisait longtemps que je voulais aller à la pêche », se délecte-t-il à l'avance en se léchant les moustaches.
Avec grâce, il plonge l'une de ses pattes dans l'eau du bocal et tente d'attraper le poisson.

Hélas, l'eau se trouble et devient terreuse, cachant le poisson aux yeux du chaton.

Moustache, bredouille, secoue sa patte à présent toute propre.
« Flûte ! Je n'y arriverai pas comme cela », se dit-il tout déçu.

Tant pis, Moustache a une meilleure idée.
Il file dans la cuisine et entrouvre les placards un par un.
Le tapage tire de son sommeil Médor, roulé en boule dans un coin.

« Qu'est-ce que tu fais là ? ronchonne le chien
en soulevant une paupière.
– Rendors-toi, chuchote Moustache, je n'en ai que
pour un instant. »

Le chaton se glisse dans le placard à provisions, renversant
au passage un paquet de farine.
« Hé ! attention ! proteste Médor au-dessous, en émergeant
d'un nuage blanc.
– Hihi, rit Moustache, maintenant tu as le nez tout blanc ! »
Médor commence à grogner, mais Moustache brandit fièrement
une belle boîte de sardines.
« Regarde ce que j'ai trouvé ! Tu as faim ? »

Ne reste plus qu'à ouvrir la boîte métallique !
Moustache tire sur la languette.
Hélas, celle-ci ne bouge pas d'une miette.

Il tente une autre approche : il affûte ses griffes, et dessine une longue rayure sur le couvercle métallique.
Il produit un son à donner des frissons :
« **Criissss !** »

« Assez ! râle Médor en se couvrant les oreilles, ce son me fait grincer les dents. » Ses poils se sont dressés sur sa tête.

Hélas, la rayure n'est pas assez profonde pour pouvoir ouvrir la boîte de sardines.

Médor grogne sourdement après le chaton. Il en a assez des bêtises de son ami. Moustache, très intéressé, contemple les longs crocs qui dépassent de ses babines retroussées.
« Médor, tu veux bien donner un coup de dents là-dedans ? » demande-t-il en lui tendant la boîte.

Mais le chien secoue la tête en bougonnant.
« Pas question. J'en ai assez de tes plans à la noix !
– Oh, qu'est-ce que tu es grognon ! » soupire le chaton.

Moustache attrape une cuillère et la glisse dans l'attache de la boîte métallique. De tout son poids, il fait levier et réussit à la soulever un peu.
Il tourne la cuillère et tire de toutes ses forces.

Hélas, la cuillère glisse et la boîte est projetée en l'air.
Elle atterrit sur la tête du chien en faisant un bruit sourd :
« **Bong !** »

NG !

Médor est un peu sonné. Déjà, une belle bosse se dessine au sommet de son crâne.
« Oh, désolé, s'excuse Moustache. Je ne l'ai pas fait exprès. »

Médor reprend ses esprits, hors de lui. Cette fois, c'en est trop !
« Attends que je t'attrape ! »

Le chaton ne se le fait pas répéter et court s'abriter dans le salon. Le chien le talonne. Ses crocs claquent près de son derrière. Moustache saute sur la table, suivi par Médor, qui renverse la chaise. Ils roulent tous les deux et atterrissent dans les rideaux du salon… Qui s'écroulent sous leur poids.

Le salon et la cuisine sont sens dessus dessous !
Les deux amis entendent des bruits de pas et une grande ombre se profile dans l'intervalle de la porte :
« Qu'est-ce qu'il se passe ici ? »

Moustache se fait tout petit et s'abrite sous les pans du rideau. Vite ! Médor le pousse en avant : « C'est pas moi, c'est Moustache qui s'est encore introduit chez nous ! », tente-t-il pour se défendre.

Le chien pense s'en sortir à bon compte, mais la sentence le surprend : « Je ne veux rien savoir ! Allez nettoyer toutes vos bêtises ! Eh oui, toi aussi Médor ! »

Dans la cuisine, les deux amis se sont mis au travail.
Médor pleurniche encore :
« C'est pas juste, j'ai rien fait, moi ! »
Moustache s'approche de son ami, un peu penaud :
« Excuse-moi, Médor, tout est de ma faute.
Un câlin pour me faire pardonner ? »

Mais Médor recule en ronchonnant.
De dépit, Moustache lui jette une serpillière sur la tête :
« Oh, arrête de grogner sans arrêt ! »

Médor se glisse derrière son ami et lui déverse un seau d'eau sur le crâne.

Moustache, surpris, fait un bond en hurlant. Il commence à pester : « Médor, t'as pas le droit... ! » mais il s'arrête brusquement devant le regard pétillant de son ami.
« Qui est-ce qui grogne maintenant ? » demande Médor d'un ton malicieux.

Moustache éclate de rire et s'ébroue pour asperger son ami.
« J'ai toujours faim, pas toi ? Regarde, la poubelle de la cuisine est pleine… Et si on osait ?
– Oh, Moustache, tu es vraiment le roi des bêtises ! », constate Médor en riant.

Direction générale : Gauthier Auzou
Responsable éditoriale : Claire Simon
Mise en pages : Alice Nominé
Responsable fabrication : Jean-Christophe Collett
Fabrication : Lucile Pierret
Relecture : Catherine Rigal

ISBN : 978-2-7338-3176-2

www.auzou.fr

Mes p'tits albums